Tecnología militar

EQUIPOS Y SUMINISTROS MILITARES

JULIA GARSTECKI

BLACK RABBIT BOOKS

Bolt es una publicación de Black Rabbit Books
P.O. Box 3263, Mankato, Minnesota, 56002.
www.blackrabbitbooks.com

Marysa Storm, editora; Michael Sellner, diseñador;
Omay Ayres, investigador fotográfico
Traducción de Victory Productions, www.victoryprd.com

Información del catálogo de publicaciones de la biblioteca del congreso
Names: Garstecki, Julia, author.
Title: Equipos y suministros militares / por Julia Garstecki.
Other titles: Military gear and supplies. Spanish
Description: Mankato, Minnesota : Black Rabbit Books, [2018] | Series: Bolt. Tecnología militar | Includes bibliographical references and index. | Audience: Grades 4-6. | Audience: Ages 9-12.
Identifiers: LCCN 2017006370 | ISBN 9781680725810 (library binding)
Subjects: LCSH: Military supplies--Juvenile literature.
Classification: LCC UC260 .G3718 2018 | DDC 623--dc23
LC record available at https://lccn.loc.gov/2017006370

Impreso en los Estados Unidos de América

Créditos de imágenes

Alamy: 615 collection, 28–29; colin anderson/ Blend Images, 3; D. Hurst, 18 (equipo); Everett Collection, 18 (derecha); MICHAEL DUNLEA, 13 (superior); Michael Klinec, 10; Nicholas Eveleigh, 18 (comida); Roger Bacon / REUTERS, 6 (inferior); shortcut studios, 18 (agua), 31; Stephen Barnes, 12; Sunshine Pics, 13 (inferior); US Navy Photo, 6 (página completa); Dreamstime: Alessandroguerriero, 17; Getty Images: arkus von Luecken, 24; Colin Anderson, 26; Scott Nelson, 14 (superior); https://www.army.mil/photos: Sgt. Sarah Anderson, 32; Desconocido, 4–5; Shutterstock: 3000ad, 1, 8–9, Contraportada; Anatoly Vartanov, 20 (M9); Creative- HQ, 21 (anteojos); NEstudio, 14 (inferior), 20–21 (soldado); Oleg Zabielin, Portada; Route55, 18 (balas); Wikicommons.org: US Army, 23
Se ha hecho todo esfuerzo posible para establecer contacto con los titulares de los derechos de autor del material reproducido en este libro. Cualquier omisión será rectificada en impresiones posteriores previo aviso a la editorial.

CONTENIDO

CAPÍTULO 1

Equipos en ACCIÓN

Los soldados atraviesan una zona de guerra. Se oye una voz: "Aproximándose a las cinco en punto". El conductor desvía rápidamente el camión. Una bala pasa volando.

La voz provino de una caja dentro del camión. Es parte de un sistema llamado Boomerang. Este sistema puede decir desde dónde están disparando.

Los soldados usan equipos y suministros en los campos de batalla. Los equipos ayudan a los soldados a hacer su trabajo. También los mantienen a salvo.

CAPÍTULO 2

EQUIPOS electrónicos

Los soldados usan muchos equipos electrónicos. A diario usan tecnología, como los satélites.

Los satélites son máquinas en el espacio. Algunos ayudan a encontrar armas. Los **misiles** producen calor cuando vuelan. Los satélites detectan el calor y envían esa información a los soldados. De ese modo, los soldados pueden prepararse para el ataque.

SATÉLITES

Los soldados usan satélites para diferentes tareas. Estas máquinas le dan la vuelta a la Tierra a diferentes alturas.

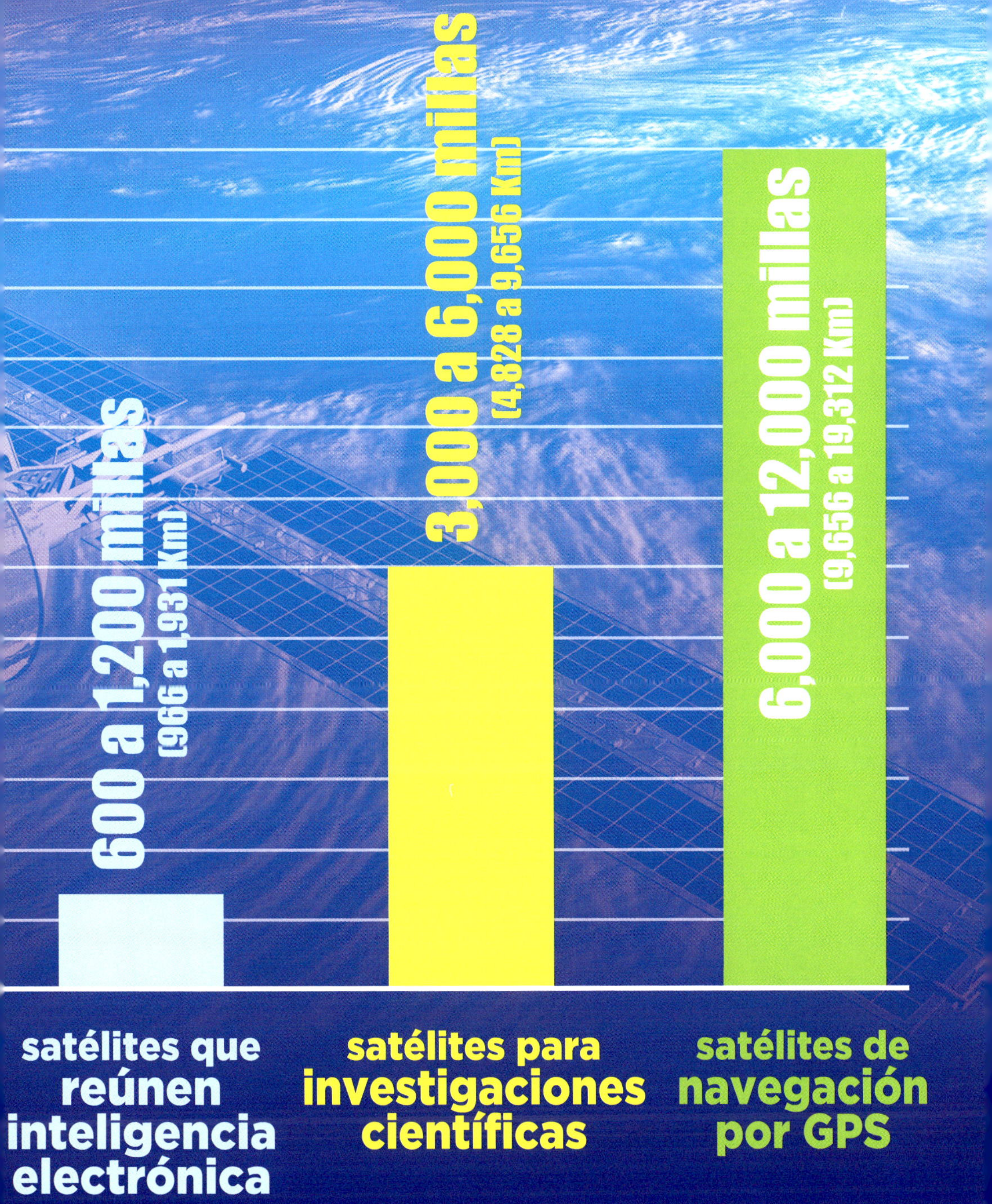
600 a 1,200 millas
(966 a 1,931 Km)
3,000 a 6,000 millas
(4,828 a 9,656 Km)
6,000 a 12,000 millas
(9,656 a 19,312 Km)
satélites que reúnen inteligencia electrónica
satélites para investigaciones científicas
satélites de navegación por GPS

Radares

Los soldados no siempre pueden ver a sus enemigos. Con frecuencia usan un radar para hallarlos. Los radares usan ondas de radio. Las ondas rebotan en los objetos. Este rebote indica a los soldados dónde se encuentran los objetos y a qué velocidad se mueven.

Los soldados llevan equipos de radar. Solo toma unos minutos instalar estos equipos. Son útiles en áreas llenas de escondites. Los soldados los usan para evitar **emboscadas**.

Bloqueadores de señales

A veces los enemigos esconden bombas. La señal de un teléfono celular puede hacer explotar una bomba. Para protegerse, los soldados usan bloqueadores de señales, llamados *jammers*. Las señales de los *jammers* bloquean las señales que van hacia las bombas. Así, los **detonadores** no pueden hacer explotar las bombas.

Los BLOQUEADORES de señales

UN SOLDADO SE ACERCA A UNA BOMBA

EL ENEMIGO ENVÍA LA SEÑAL A LA BOMBA

EL BLOQUEADOR CANCELA LA SEÑAL ENVIADA A LA BOMBA

GPS

Cuando hay mal tiempo, como en una tormenta de arena, es fácil perderse. Los soldados usan un GPS para hallar el camino. GPS son las siglas en inglés de Sistema de Posicionamiento Global. Este indica a los soldados dónde se encuentran.

Las personas usan un tipo de GPS en sus carros. Pero los GPS militares son más **precisos**.

CAPÍTULO 3

EQUIPOS que se llevan puestos

Los soldados llevan puestos muchos equipos. Sus cascos tienen un revestimiento que se infla con aire. El aire crea un colchón. El colchón protege la cabeza de los soldados. También hace que el casco se ajuste mejor.

Los anteojos de visión nocturna están sujetos a los cascos. Estos equipos permiten que los soldados vean de noche. También pueden **aumentar** lo que ven.

Los cascos del ejército de Estados Unidos pesan unas 3 libras (1.4 kilogramos).

Lo que llevan consigo los soldados de Estados Unidos

equipo de primeros auxilios

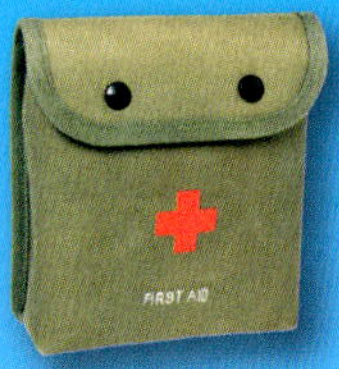

agua

municiones

comida

Blindaje corporal

Los soldados también llevan un blindaje corporal. Este los protege de las balas y las **esquirlas**. El blindaje corporal puede ser pesado. Un blindaje corporal completo pesa entre 30 y 50 libras (14 a 23 kg). Este ofrece la mayor protección, pero les quita velocidad a los soldados.

EQUIPO DE UN SOLDADO

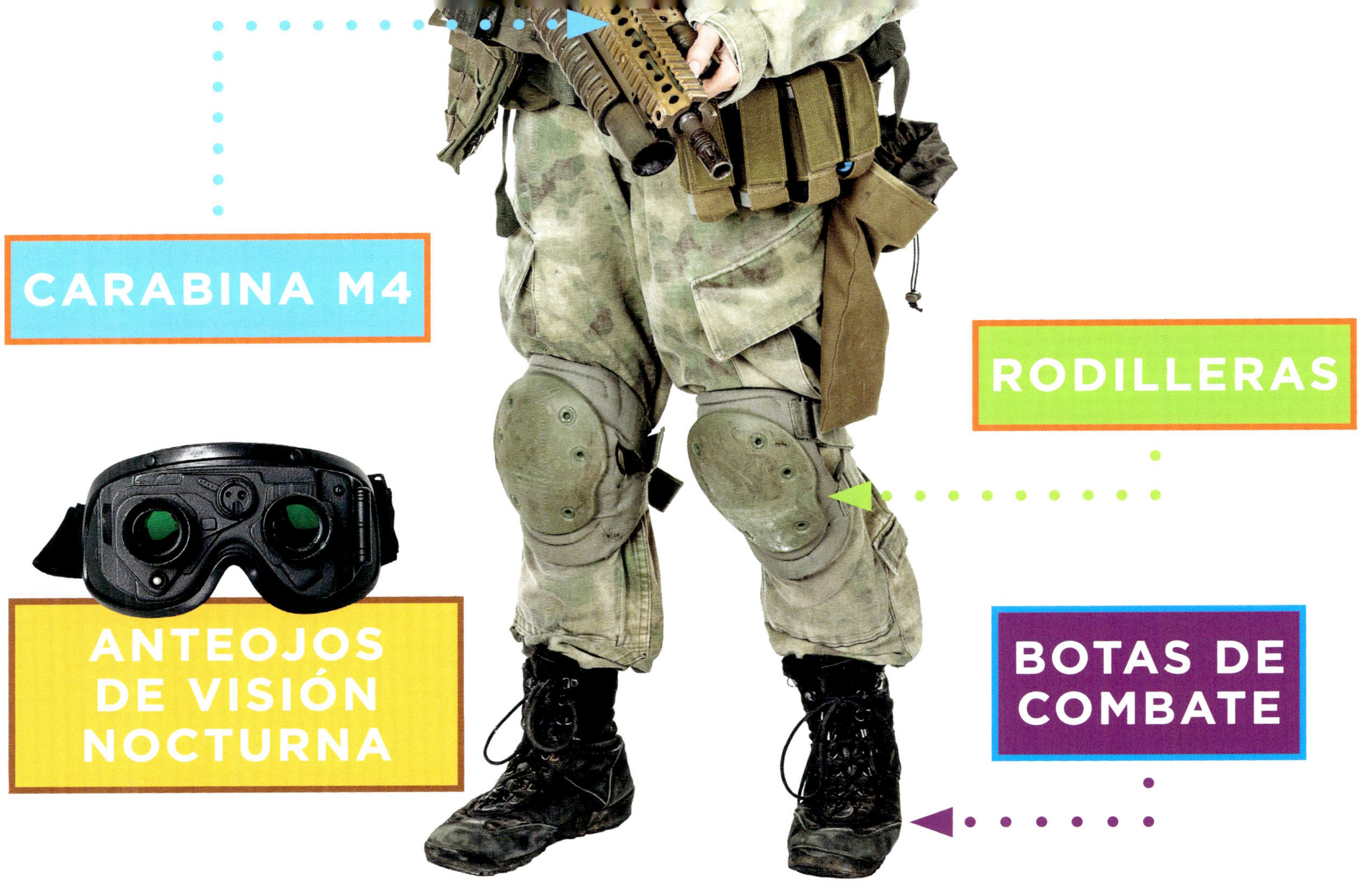
CARABINA M4
RODILLERAS
ANTEOJOS DE VISIÓN NOCTURNA
BOTAS DE COMBATE

Equipos aéreos

Los paracaidistas son soldados que saltan desde aviones. Ellos necesitan un equipo especial. Necesitan un paracaídas y un **arnés**. También necesitan un paracaídas de respaldo. Los equipos para saltar pesan unas 53 libras (24 kg). Los soldados no solo llevan los equipos para saltar. También llevan sus equipos habituales.

Los soldados saltan desde alturas más bajas que los paracaidistas deportivos. No están tanto tiempo en el aire. Los soldados deben estar listos para aterrizar de inmediato.

CAPÍTULO 4

EQUIPOS del futuro

Los científicos están trabajando para hacer mejores equipos. Los nuevos equipos protegerán a los soldados. También harán que su trabajo sea más fácil.

Es posible que en el futuro los soldados puedan usar lentes de contacto. Estos lentes podrían darles una súper visión. Los soldados podrían ver de cerca y de lejos al mismo tiempo y hasta podrían ver lo que ve otro soldado.

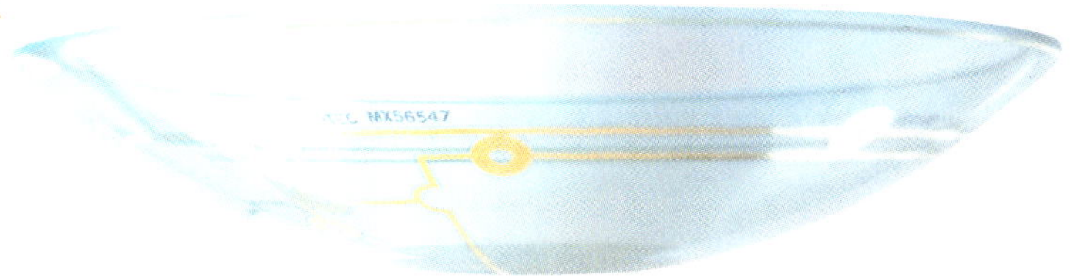

Los súper trajes

Los súper trajes podrían ser la armadura del futuro. Estos trajes no harán que los soldados sean más lentos y los protegerán de cuerpo entero.

Hay científicos trabajando en esos trajes ahora mismo. Algunos de ellos tienen una estructura de metal que se mueve con el cuerpo de una persona y soporta cargas pesadas.

En constante cambio

Los soldados usan todo tipo de equipos y suministros. A medida que cambia la tecnología, también cambian sus herramientas. Los soldados aprenden a usar nuevos equipos. Los soldados, junto con sus equipos, mantienen protegidas a las personas.

SSG DUHA

GLOSARIO

arnés — conjunto de correas que se usan para sujetar una persona a algo

aumentar — hacer que algo se vea más grande

detonador — artefacto para hacer que una bomba explote

emboscada — ataque sorpresa

esquirlas — trozos pequeños de metal que salen volando cuando hay una explosión

misil — arma de fuego que se puede lanzar o proyectar para golpear un objeto lejano

nivel del mar — altura promedio de la superficie del mar

preciso — sin fallas ni errores

ÍNDICE